UNE PAGE IGNORÉE

DE

L'HISTOIRE DE TULLE

MARCELLINE PAUPER

PAR L'ABBÉ

J.-B. POULBRIÈRE

Professeur au Petit-Séminaire de Servières

TULLE
IMPRIMERIE DE J. MAZEYRIE

1876

APPROBATION

Nous sommes heureux d'approuver l'impression de ces pages qui révèlent une fleur céleste épanouie dans notre ville épiscopale et trop longtemps demeurée cachée. Nous félicitons sincèrement le pieux auteur. Puissent ces lignes répandre dans les âmes de ceux qui les auront parcourues, les suaves parfums de cette fleur bénie !

Tulle, 19 mars 1876.

† J.-B.-P. LÉONARD, Év. de Tulle.

Cet Opuscule n'est vendu, pour la propagande, qu'au prix de 15 centimes l'exemplaire ; 1 fr. 50 la douzaine et 10 fr. le cent. Expédié franco par la poste.

SE VEND

A Tulle, chez Mlle Puivarge, près la cathédrale et chez Mme veuve Bouillaguet, quai de Valon ;
A Brive, librairie Lalande ;
A Beaulieu, chez Mme Fronty.

UNE PAGE IGNORÉE DE L'HISTOIRE DE TULLE

MARCELLINE PAUPER

I

L'an 1675, en cette même année où la Bienheureuse Marguerite-Marie recevait du Ciel sa faveur la plus haute, une autre vierge, prédestinée elle aussi mais alors pauvre petite fille d'une douzaine d'ans, quittait les Ursulines de Moulins-Engilbert, ses maîtresses, et rentrait sous le toit qui l'avait vue naître, à Saint-Saulge, en Nivernais.

Elle avait nom Catherine Pauper.

Ses parents, gens fort recommandables mais chargés d'une nombreuse famille, n'avaient que l'humble aisance que donne le travail, quand il s'unit à la vertu. Le père était menuisier ; la mère s'employait aux soins de son ménage.

Catherine, l'avant-dernier de sept enfants, fut de très bas âge prévenue par la grâce. « N'ayant encore que six ans, j'aimais, dit-elle, à entendre la parole de Dieu, et j'avais la mémoire si heureuse que je retenais très aisément tout ce qu'on voulait m'apprendre. Ce fut dans ce temps qu'un jour de Noël, pendant la nuit, la très sainte Vierge m'apparut, tenant entre ses bras son divin Fils, auquel elle m'offrit, et Lui, me bénissant, me prit par la main... »

Comme on le voit, les faveurs exquises commençaient de bonne heure.

A l'âge de huit ans, la jeune enfant fut conduite au pensionnat que nous avons nommé. Elle y fit, à neuf, vœu de perpétuelle chasteté. Ce fut, disent ses mémoires, « avec bien de la ferveur, sans prendre conseil de personne; car, ajoute-t-elle naïvement, on ne me l'aurait pas même conseillé. Je ne savais guère à quoi je m'engageais; néanmoins, je ne m'en suis jamais repentie. »

Chère petite ! elle commençait dès lors cette vie de pénitence qui devait grandir en elle jusqu'à un point si haut. Rentrée dans sa famille après trois ans d'absence et, pour ainsi dire, au lendemain seulement de sa première communion, elle y vivait déjà comme un petit ascète, pleine d'horreur pour les maximes du monde, se cachant en vue de se mortifier, et s'adonnant à l'oraison, qu'elle faisait sans le savoir. Dieu, qui l'appelait au service des pauvres, lui avait donné pour ces membres souffrants de Jésus-Christ son Fils une tendresse des plus vives : « J'aimais les pauvres, dit-elle, leur donnant tout ce que je pouvais et plus que je ne pouvais ; car je prenais bien des choses pour leur donner. »

Ainsi vécut Catherine jusqu'à l'âge de seize ans.

A dix-sept, le relâchement s'introduisit. Comme Marguerite-Marie, qu'elle avait si bien jusque-là reproduite, elle commença à voir le monde, à s'éprendre de ses ajustements, à se laisser rechercher, tout en se disant au fond de l'âme « que jamais homme ne lui serait rien. » Mais la Providence veillait sur son œuvre, et quelque amer souvenir qu'ait gardé de cette époque de sa vie une âme aussi pure que la sienne, pour elle, comme pour la vierge de Vérosvres, « le théologien n'hésite pas à conclure qu'elle ne commit jamais aucun péché mortel. » Notre-Seigneur, du reste, la traitait comme il traitait sa chère Marguerite : il lui faisait au cœur de fort vifs reproches et, pour la ramener entièrement, il lui envoya une violente maladie, suivie d'un grand état d'infirmité. L'effet en fut bon, bien qu'incomplet d'abord : « Je commençai, dit-elle, à aimer le remède et le médecin. » Cependant, faut-il le dire, deux années s'écoulèrent sans que la grâce eût encore conquis sur la nature ce cœur qu'elle appréciait si fort ; mais au bout de ce temps, la guérison souhaitée fut complète, et jamais âme ne répara par plus d'ardeur ce que deux années d'inaction avaient pu laisser perdre.

Tous les fleuves courent à l'Océan, mais chacun s'y rend par une pente qui lui est propre ; ainsi tous les saints vont à Dieu, mais chacun par des voies et des attraits qui lui sont spéciaux. Les deux grands attraits de Catherine étaient la pénitence et l'oraison : dans tous les deux, elle n'avait qu'un unique objectif, Jésus-Christ crucifié.

Une nuit de Vendredi-Saint, comme elle veillait dans les pleurs et la prière, en songeant à son Epoux, l'Epoux se présenta à son esprit « dans toutes les souffrances et opprobres de sa passion ; » il lui offrit en dot SA CROIX, *ses fouets, ses épines, ses clous et sa lance :* « Jusqu'ici, ajouta-t-il, tu n'as regardé la qualité d'épouse qu'avec complaisance, je veux de la conformité. » Catherine ne balança pas : aux jeûnes et aux veilles qu'elle pratiquait déjà, jusqu'à ne s'accorder que trois heures de repos chaque nuit, elle joignit les recherches de la pénitence la plus rude, de la mortification la plus austère et la plus raffinée : ceinture de fer autour des reins, instrument de fer sur la poitrine, couronne de fer autour des tempes, discipline quotidienne, cilice à déchirer les chairs : rien ne l'épouvantait. Elle atteignit ainsi sa vingt-deuxième année.

Saint-Saulge possédait à cette époque un religieux éminent en vertu, que le parfum de sa piété. l'éclat de ses lumières, la beauté de ses œuvres, recommandaient à la confiance autant qu'à l'admiration des saintes âmes de l'endroit. On l'appelait dom Jean-Baptiste de Laveyne, et il était religieux bénédictin de la congrégation de Saint-Maur.

« Un jour, jetant un regard sur la France, il vit quel vaste champ était encore ouvert à la charité, malgré toutes les œuvres qui existaient alors. A ce tableau de tant de pauvres sans secours, de tant de malheureux sans consolation, de tant de femmes et de jeunes filles sans instruction chrétienne, cet homme apostolique conçut un institut de vierges entièrement vouées à la gloire de Dieu, embrassant toutes les œuvres de charité qu'il leur est permis d'exercer, et se consacrant en même temps au ministère plus élevé de l'instruction des filles. » De cette pensée naquit l'Institut de Nevers.

Tout était préparé pour le mener à fin. Parmi les vierges que dirigeait le Père de Laveyne, il en était deux que le Ciel avait en quelque sorte accablées de ses dons : Marie Marchangy et Anne le Geay, deux anges d'innocence et deux femmes d'élite, ornées de toutes les vertus et capables de tous les dévouements. Elles furent les deux piliers de la congrégation naissante : Catherine devait en être la fleur.

N'allons pas croire cependant que l'humble et pieuse fille ambitionnât la tâche, non : cette plante du Ciel eût mieux aimé la solitude et l'ombre ; « mais son directeur lui disait toujours que les œuvres de charité étaient préférables. » On devine aisément que ce directeur était le Père de Laveyne. Depuis le retour de Moulins-Engilbert, il avait en main la formation de cette âme si haute, et il en suivait les mouvements extraordinaires avec ce zèle appliqué, cette attention prudente, ce soin respectueux qui caractérisent la direction des saints. Il ne se pressa pas de l'*introduire dans ses celliers*, je veux dire dans son cher Institut. Ce ne fut qu'après cinq années de fondation, dans la vingt-deuxième de son âge, que Catherine y fit son entrée, sous le nom de sœur Marcelline, le seul désormais que nous lui donnerons. La rupture des liens de famille lui fut au cœur une épreuve bien cruelle ; le démon ne lui épargna pas les siennes, et le directeur, venant à son tour renchérir sur ces assauts du sang et de l'enfer, lui prodigua d'étranges duretés. Mais rien ne put ébranler cette âme supérieure, que le travail du marteau ne faisait qu'affermir, sans en briser l'acier.

La première des fondations de l'ordre fut confiée à sa main ; et s'il est vrai, comme l'a dit le Père Lacordaire, que

« les premières œuvres des saints ont une virginité qui touche le cœur de Dieu, » on peut assurer de l'austérité de celle-ci qu'elle était faite pour toucher le cœur même de l'homme. « Jamais établissement ne fut commencé si pauvrement, car nous manquions de tout. Je fus obligée, pendant six mois, de coucher sur des fagots de sarment... Notre pauvreté était telle que nous nous trouvions souvent manquer de pain. » Mais la bonté divine jetait sur ce dénuement matériel les plus hauts secrets de la vie spirituelle, et la sainte sortit toute noyée en Dieu d'une tâche absorbante, où il lui fallait, de son propre aveu, suffire « à un très grand travail. »

Decize — car il s'agissait de cette petite ville (1) — la retint ainsi pendant trois ans. Nommée ensuite supérieure de la maison même de Nevers, « elle fut deux ans dans cette communauté, et Dieu, dit-elle, donna de grandes bénédictions à son gouvernement. » Puis la Providence

---

(1) Arrondissement de Nevers, comme Saint-Saulge dont nous parlions plus haut.

la rapprocha de nous, en l'établissant à Murat, en Auvergne.

Connaissez-vous cette curieuse petite ville, si gentiment assise entre les monts farouches qu'ont traversés les percées du Lioran et le plateau monotone qui des bords de l'Alagnon s'enfuit jusqu'à Saint-Flour ? Avez-vous vu sa couronne de prismes basaltiques et sa cascade de maisons, descendant des noirs rochers qui la dominent jusqu'au milieu du vallon qui l'orne et la nourrit ? — Il y avait là au XVIIe siècle une population aussi belle par sa foi que l'était par son pittoresque le site où s'élevaient ses murs. Aussi dès que les habitants apprirent l'arrivée de leurs nouvelles Sœurs, sortirent-ils en foule au-devant de leurs pas ; d'autre part, dès que Marcelline aperçut ces murailles qui devaient pendant plusieurs années enfouir ses vertus avec son dévouement, elle mit pied à terre pour y entrer d'une façon plus humble. « Nous trouvâmes, dit-elle, une croix, assez près de la ville, où mes Sœurs et moi, nous nous mîmes à genoux ; et là, je m'offris à Dieu comme une victime qui désirait d'être immolée à sa gloire. » Il faut croire que Dieu agréa le désir et l'offrande, car les immolations ne firent pas défaut. Ne pouvant, malgré les occupations qui la dévoraient, lui faire tomber des mains l'instrument de discipline, le démon allait jusqu'à le lui prendre violemment et l'en frappait si fort qu'il la laissa plusieurs fois demi-morte. Mais, nous raconte-t-elle, « Notre-Seigneur ne différait pas longtemps à me consoler et même à me guérir ; » d'un autre côté « les ravissements, à cette époque, me devinrent fréquents. »

Impossible de les énumérer dans le détail : elle-même se reconnaît incapable de suffire à la tâche. Impossible aussi de raconter tous les prodiges que le Ciel faisait en sa faveur : — par exemple, le jour où Notre-Seigneur la communia sacramentellement sans secours d'aucun prêtre ; cet autre encore où, se rendant à Vic pour y traiter d'un établissement, elle tomba de cheval dans la Cère « sans s'en apercevoir, » sortit de même sans se douter qu'elle eût été dans l'eau, et ne trouva que ses gants de mouillé, dans la maison voisine où on la conduisit...

Dieu, qui voulait la parfaire en tout

point, ne laissait pas, à travers ces merveilles, que de l'abandonner aux soufflets dont gémissait saint Paul. Elle eut diverses tentations, toutes d'une grande violence ; mais, pour les dominer, elle possédait une maîtresse main. « J'affligeais mon corps, dit-elle, par tous les moyens que la pénitence me suggérait. Tout mon recours était à la Sainte-Vierge, à saint Joseph et à sainte Catherine. Comme j'étais plus tentée lorsque je voulais prendre un peu de repos, je me munissais d'un crucifix à une main et d'une discipline à l'autre. Une nuit que ce combat était plus violent, je m'en servis avec tant de force que l'abondance du sang que j'avais répandu m'avait gelée avec le plancher. Cette tentation — de la chair — finit dans cet exercice (on peut le croire !) et les autres cessèrent. »

De Murat, la sainte fille fut envoyée au Bourg-Saint-Andéol pour y faire une autre fondation. Les ravissements, les austérités, les miracles, les douleurs et les consolations se succédèrent en Vivarais, comme ils s'étaient succédé en Auvergne. Marcelline y resta deux ans, puis se rendit à Saint-Étienne. Elle n'abordait cette ville qu'avec une extrême répugnance, car elle prévoyait, elle avait même prédit qu'en dépit de ses peines, l'œuvre tentée dans ses murs n'aurait point de succès. Mais outre les grandes grâces qu'il lui fit à travers ses épreuves, le Dieu qui *donne leur pâture aux petits des oiseaux*, se servit d'elle pour faire faire une retraite à quarante-huit pauvres filles, que sa parole mettait tout en larmes et qu'elle laissa ivres de ses vertus. Enfin, au bout de deux ans de souffrances, elle fut envoyée « *ici*, à Tulle, » dit-elle, où l'adverbe indique qu'elle écrivit son livre, et où la mort devait bientôt couronner ses mérites, après que le Ciel et son âme les eurent consommés.

II

Ce fut aux derniers mois de l'an 1704, ou vers les premiers jours de l'an 1705, que Marcelline Pauper fit son entrée dans Tulle.

Cette ville avait alors pour évêque André-Daniel de Beaupoil de Sainte-Aulaire, d'une illustre famille de Bretagne établie depuis plusieurs siècles dans notre Limousin. C'était un prélat d'une bonté charmante, d'une politesse exquise, d'un zèle tout pastoral, et d'une piété qui n'avait d'égale que son ardente charité. Entré depuis deux années seulement dans sa ville épiscopale, il y avait conduit un vénérable évêque, que son grand âge, son savoir, ses vertus, recommandaient à l'affectueux respect de tous ses diocésains. Nous voulons parler de Mgr de la Baume le Blanc de la Vallière, évêque démissionnaire de Nantes depuis vingt-huit ans. Ces deux hommes rivalisèrent de générosité à l'endroit de l'œuvre nouvelle que venait fonder Marcelline Pauper. Mgr de Beaupoil, qui la consacra par un acte public du 9 avril de l'an 1706, se fit ainsi, parmi les évêques de France, l'honneur d'être le *premier* à établir par lui-même au cœur de son diocèse les saintes filles du Père de Laveyne. Il fut secondé dans ses soins paternels par plusieurs prêtres éminents, pasteurs ou enfants de la ville de Tulle : MM. Dubal, curé de Saint-Pierre ; Melon, curé de Saint-Julien ; Depris, vicaire général de Perpignan, et autres. Plusieurs laïcs distingués, entre autres M. Martin de Fénis, commandeur-chevalier de l'ordre de Saint-Jean de Jérusalem ; et messire Jean de Barrat, gentilhomme ordinaire de la maison du Roi, s'adjoignirent à cette œuvre de haute bienfaisance.

On loua près du monastère des Feuillants une maison modeste qui, achetée en 1736, vendue en 1793, rachetée immédiatement par des Sœurs membres de l'Institut, reste encore l'étroite et incommode propriété de la Congrégation. C'est là qu'expirait l'an dernier dans la paix du Seigneur une femme d'un nom aussi vénéré que ses vertus, sœur Anathalie Vermeil, supérieure dans le diocèse depuis longues années.

« Après l'audition de la sainte Messe, célébrée solennellement pour attirer sur l'œuvre les bénédictions du Ciel, au son des grandes cloches, mises en branle comme en un jour de fête, les Sœurs furent conduites processionnellement à cette demeure et installées dans l'exercice de leurs saintes fonctions. »

Ainsi se faisaient les choses dans ce passé chrétien qu'il nous faut admirer.

Six mois après, le 11 novembre 1706, la ville, ayant éprouvé tout le bien que faisait déjà la fondation naissante, voulut, « par un acte unanime, concourir au pieux et efficace dessein du Seigneur-Évêque, qui recherchait, disait-elle, toutes les occasions de lui faire du bien. » A cet effet, elle ratifia le contrat du 9 avril et supplia le Prélat d'agir auprès du Roi « pour l'entière confirmation de l'établissement. »

Les Sœurs de Nevers, toutefois, n'avaient encore qu'une miséricorde : il fut question bientôt de leur confier l'hôpital. Cette maison, fondée en 1670, était desservie par des dames ou des demoiselles, astreintes à une vie assez pénible, et en dernier lieu subventionnées pour les soins que leur charité refroidie donnait encore aux pauvres souffreteux. Tel était ou à peu près l'Hôtel-Dieu de Paray-le-Monial quand Marguerite-Marie y porta ses regards et ses soins. On comprend que le zèle de ces femmes servantes fût à grand'peine au niveau de leur tâche. Les administrateurs sentirent donc la nécessité d'appeler d'autres Sœurs. Marcelline, chargée de la négociation, y réussit parfaitement et, le 1ᵉʳ mars 1707, les Sœurs de l'hospice furent aussi installées.

La bonne Mère dut les suivre et quitter son premier asile de la Miséricorde; mais le travail excessif qui lui incomba mit les médecins dans la nécessité de l'obliger à prendre du repos : elle reçut un *congé de santé*. Où le prit-elle ? Dans la campagne de Tulle ? à Saint-Saulge ? Il est probable que ce fut dans cette dernière ville, patrie à la fois de sa vie physique et de sa vie religieuse, par le sein de famille et par la direction du Père de Laveyne. On sait quelle est l'influence de l'air natal sur le corps et sur l'âme : Marcelline rentra plus forte, non pour l'hospice qui ne devait plus la posséder, mais pour la miséricorde, qui, hélas ! ne la posséda pas longtemps.

Cette admirable vie était, en effet, voisine de son terme : elle était déjà mûre pour un autre séjour. Tout ce qui peut se réunir dans une existence humaine de communications divines, d'extatiques transports, de tortures surnaturelles et de guérisons inattendues, d'effacement enfin, nous ne dirons pas seulement de la volonté propre, mais, pour ainsi dire, de la nature même de l'homme sous la seule action des volontés d'En-Haut, s'était rencontré dans la sienne pour en faire une des existences les plus étranges qu'aient jamais enregistrées les annales des saints. Et cependant cette femme administrait, dirigeait, enseignait, soignait, travaillait, voyageait ; elle était livrée à tous les tracas comme à tous les soucis de la vie extérieure : c'était une supérieure enfin, et une mère, ce qui dit encore plus. Aussi M. Michel, supérieur du Grand-Séminaire de Tulle, « homme excellent en science et en vertu, » se sentit-il épouvanté devant une direction aussi nouvelle que celle que lui confiait la servante de Dieu. Il eut un moment la pensée de la décliner. « Mais, en homme sage, il se conforma à ce précepte de saint Jean : *Eprouvez les esprits pour voir s'ils sont de Dieu*. Il éprouva celui de Marcelline et il ne tarda pas à voir qu'il avait à conduire une des âmes les plus privilégiées qui fussent alors dans l'Eglise de Dieu. Le Père de Laveyne, qu'il consulta, acheva de faire évanouir ses craintes. »

Cet homme éminent, depuis longtemps au courant des secrets de cette âme, avait, en effet, parfaitement saisi l'action du Ciel sur elle, peut-être même pénétré ses desseins par rapport à sa Congrégation. Pour une société de plus en plus active et criblée à la fois d'aspirations, de plaies et de besoins, l'Eglise avait créé une foule d'instituts sortant des voies antiques de la vie religieuse et remplaçant par toutes les formes de la charité spirituelle, intellectuelle et corporelle, la contemplation des vieux cloîtres d'Orient et d'Occident. Il y avait nécessité, nous ne le nions pas, mais la nécessité n'exclut pas tout péril. On avait tant dit ou l'on avait tant cru à l'incompatibilité de la vie extérieure et de la vie intérieure, du rôle de Marthe et de celui de Marie ! L'Eglise allait-elle oublier *le choix de la meilleure part*, et ses phalanges religieuses, moëlle de sa force et fleur de sa beauté, n'allaient-elles vivre désormais, précisément au sein même du monde, que d'une spiritualité insuffisante, d'une sève en quelque sorte évaporée et amoindrie ? La Providence se chargea de répondre : ce fut par Marcelline.

Marcelline était une femme ; — Marcelline eut toute sa vie l'attrait de la vie intérieure ; — Marcelline fut toute sa vie accablée de travaux extérieurs ; — Marcelline enfin passa toute sa vie dans l'absorption en Dieu. Il est vrai, cette vie n'est qu'un tissu de prodiges ; on nous dira qu'il faut y voir un idéal encore plus qu'un modèle ; mais en le plaçant aux origines de l'Institut nivernais, comme au cœur de l'époque moderne, Dieu ne s'était-il proposé aucun enseignement ? Il nous semble que cet enseignement ressortira sans peine pour qui saura se souvenir que, si l'homme ne peut rien sans la grâce, avec la grâce du moins il peut atteindre à tout : assister ses frères et vivre dans son Dieu.

C'était probablement ce que voulait insinuer le Père de Laveyne, quand il enjoignit à Marcelline d'écrire avec sincérité l'histoire de sa vie. Il est même à remarquer, comme l'a fait l'éditeur, que, tout en disant assez pour faire constater au lecteur toute l'étendue de sa tâche extérieure, c'est à peu près exclusivement sur les événements de sa vie intérieure que cette pieuse vierge a porté nos regards. Ainsi, au sein du monde comme à l'abri d'un cloître, *toute la beauté de la fille du Roi lui vient* DE L'INTÉRIEUR.

Ces événements, à coup sûr, ces admirables merveilles de la vie et du règne de Dieu dans une âme d'élite trop longtemps inconnue, se produisirent à Tulle comme ailleurs : il ne faut que recueillir à cet égard les traditions de la maison qu'elle habita ; mais les pages qu'elle a laissées nous sont un témoignage plus éloquent encore. Détachons-en une seule, celle où se trouve consignée l'apparition du Sacré-Cœur.

L'apparition du Sacré-Cœur ! un mot qui va surprendre, un mot pourtant qui est fort vrai. Oui, l'émule en tant de points de la sainte Bourguignonne, nous est aussi sur ce point-là une autre bienheureuse Marguerite-Marie. A trente années de distance, le Dieu qui a fait tous les siècles et qui en connaît si bien les mœurs et les besoins, a réuni sur sa poitrine ces deux chastes amantes, la fille du cloître et la Sœur de charité, la contemplative, expression des vieux âges, et la femme active, besoin des temps présents. Il a confondu dans une même étreinte ces deux sœurs nées sous le même toit ; et si Madeleine a reçu des faveurs plus nombreuses, plus rares, Marthe n'en a pas moins connu, comme son aînée, les secrets de son cœur. On ne peut, en écrivant ces lignes, se défendre du souvenir de saint François de Sales. « J'ai fait, disait ce saint, ce que je ne voulais pas faire, et je n'ai pas fait ce que j'avais voulu. » Ce qu'avait voulu, ce que n'avait pas fait l'évêque de Genève, c'était des religieuses *visiteuses du pauvre,* d'où ce nom de Visitandines donné aux filles de l'ordre par lui institué. L'opposition du siècle, on le sait, lui fit cloîtrer sainte Chantal. Qu'ainsi le voulût la Providence, nul n'entend le nier ; mais cette même Providence suscitait quelques années plus tard l'Institut des Sœurs grises et celui de Nevers. Après avoir fondé les saintes religieuses gardiennes de son Cœur, Notre-Seigneur instituait les charitables filles gardiennes de ses pauvres. C'est qu'en effet, entre les deux institutions le lien était étroit : *Quandiù fecistis uni ex his fratribus meis minimis*, disait l'aimable Maître, *mihi fecistis* : Tout ce que vous ferez aux petits de ce monde, c'est à mon propre Cœur que je le tiens pour fait. Aussi rapporte-t-on — et volontiers nous insérons cette tradition pieuse — que, grâce au canal qui unit la ville de Nevers à celle de Paray, les premières filles du Père de Laveyne allèrent plus d'une fois visiter, comme des sœurs, le cloître sanctifié de Paray-le-Monial. Marcelline Pauper fut-elle de ces visiteuses ? Entrevit-elle à la grille bénie l'apparition qui l'attendait un jour ? Nous ne saurions le dire : mais toujours est-il que, par les faveurs comme par les mérites, nul cœur de femme n'a reproduit de plus près Marguerite-Marie.

Voici sa page :

« L'après-dînée (du 1er octobre 1705, premier jour d'une de ses retraites), m'occupant dans la lecture des Psaumes, je lus le cent-treizième, où le prophète, après avoir fait la description de la vanité des idoles, dit : Que ceux qui les font leur deviennent semblables, ainsi que ceux qui mettent en eux leur confiance. Mon âme, en récitant ce verset, fut transportée d'un mouvement extraordinaire vers Jésus-Christ crucifié. Après de profondes et ardentes adorations, tandis qu'elle se sentait comme liquéfiée en l'amour de ce divin Jésus, et lui adressait cette prière dans une grande ferveur : Que ceux qui vous adorent, qui vous aiment, et qui mettent toute leur confiance en vous, deviennent semblables à vous, je fus soudain ravie ; et dans un désir d'être conforme à Jésus-Christ, je lui disais : O mon Jésus, ô mon amour, je vous aime ; et c'est le propre de l'amour de rendre les amants égaux. Comment se peut-il donc faire que je ne vous sois pas conforme dans vos souffrances et opprobres ? Ah ! je vous supplie, donnez-moi ce signe, ce gage précieux et assuré de votre amour. Alors, Jésus-Christ m'apparut, ME FIT VOIR SON DIVIN CŒUR par la plaie qu'il reçut au côté, et me dit : Il est vrai, ma fille, que l'amour rend les amants semblables. *L'amour que j'ai pour les hommes m'a rendu homme*, me faisant unir à la nature de l'homme ; et, parce que le péché l'avait couvert de plaies et condamné à la mort éternelle, pour l'en délivrer, j'ai été couvert de plaies et j'ai souffert la mort. L'amour rend les amants égaux ; je cherche de tels amants : CONSIDÈRE MON CŒUR ; aime et imite.

« Ce divin Cœur me parut comme dans un globe de feu, dont toutes les flammes étaient en forme de croix, pour les imprimer dans les cœurs des amants de Jésus-Christ. Cette vue disparut et me laissa comme dans une langueur d'amour, et pressée d'un ardent désir d'être conforme à Jésus-Christ souffrant. Rien ne me paraissait désirable que de souffrir pour son amour, ce qui me faisait souvent répéter ces paroles : Je lève les yeux vers la montagne pour voir d'où me viendra du secours. Dans la langueur où je suis, épuisez-moi de croix, pénétrez-moi de souffrances, couvrez-moi de plaies, car je languis d'amour pour Jésus-Christ crucifié... »

Voilà des lignes, voilà des soupirs que ne comprendront pas les sages de ce siècle ; mais la sagesse humaine, a dit Bossuet, est toujours courte par quelque endroit. Le Ciel, peu soucieux de ces sages, entendit sa servante et satisfit amplement à ses vœux. Qu'on lise, quelques pages plus loin, les souffrances surnaturelles qu'elle endura sur ses désirs ; qu'on lise aussi ses confidences par rapport à l'opération douloureuse qu'elle dut endurer, l'opération terrible du trépan. Il y a là de ces accents, de ces vœux, de ces flammes qui ne sont plus du monde : quand la vertu en vient à ce degré, elle peut avoir encore ses deux pieds sur la terre, mais sa tête et son cœur sont perdus dans les cieux.

Les cieux, en effet, n'étaient pas loin pour l'humble Marcelline.

Elle en vit les suprêmes clartés dans la quarante-cinquième année de son âge, le 25 du mois de juin de l'an 1708. Quel mal causa sa mort, quelles en furent les pensées, les paroles et les actes, nous avons le regret de l'ignorer encore. Une lettre de M. Michel au Père de Laveyne s'est malheureusement perdue ; perdu également le témoignage des curés de la ville sur cette mort précieuse ; perdue enfin la relation de tout ce que fit la piété de Mgr de Sainte-Aulaire pour honorer cette chère mémoire. Il ne nous est resté que la circulaire du Père de Laveyne, annonçant à la Congrégation l'immense deuil dont le Seigneur venait de l'affliger.

Les restes de la *Bienheureuse*, comme

l'appelait déjà le peuple de Tulle, furent ensevelis dans l'église paroissiale dédiée à saint Julien. Plusieurs guérisons, examinées par l'autorité épiscopale, témoignèrent du prix de ces sacrées reliques. Un an après l'inhumation, le corps était encore intact, et l'Evêque en prenait sujet de remonter dans la chaire pour faire une seconde fois l'éloge d'une vertu si chère au cœur de Dieu. Puis l'oubli s'étendit ; puis vinrent les jours de la Révolution : l'église Saint-Julien fut rasée de pied en cap. « Quand la paix fut rendue à la France, la ville de Tulle fit procéder au nivellement des terres de son emplacement, et l'on transporta au cimetière actuel les ossements qui se trouvaient dans le caveau de l'église et dans le petit cimetière qui l'entourait. C'est alors que les Sœurs, sachant parfaitement où avait été déposé le corps de Marcelline, firent des démarches pour découvrir ses restes vénérés, et qu'elles purent s'emparer de son chef, dont l'authenticité ne peut être révoquée en doute, à cause de la marque du trépan qu'il avait dû subir... Aujourd'hui, ce crâne, envoyé de Tulle le 26 août 1869, est précieusement gardé à la Maison-

Mère des Sœurs de la Charité et de l'Instruction chrétienne de Nevers. »

Le Père de Laveyne avait annoncé dans sa circulaire la publication de la *Vie* qu'il avait imposée. Par nous ne savons quel dessein de la divine Providence — dessein pourtant que certains faits actuels expliqueraient peut-être, — cette publication n'a eu lieu qu'en 1871, au lendemain de nos derniers malheurs. Elle avait été préparée par un prêtre de piété, de science et de renom, mort depuis dans le Seigneur, l'abbé Dominique Bouix, qui en a scrupuleusement respecté le texte admirable. Il y a joint des *lettres* nombreuses, deux chapitres supplémentaires, une introduction et d'importantes notes. Le tout, imprimé avec un soin remarquable, a paru avec l'approbation enthousiaste de Mgr Forcade, alors évêque de Nevers, aujourd'hui archevêque d'Aix. L'éminent Prélat n'hésite pas à croire que la vierge qui a tracé ce « chef-d'œuvre » sera portée sur les autels. S'il est surpris de quelque chose, c'est de voir qu'une âme aussi privilégiée ait pu, sitôt après sa mort, tomber dans le profond oubli qui a pesé sur elle.

C'est pour contribuer, en ce qui concerne le diocèse de Tulle, à la disparition d'un oubli si fâcheux, que nous avons tenté cette pâle analyse. Elle n'a qu'un but, faire désirer l'œuvre ; qu'un mérite, en résumer et en lier le fond. Si l'on pouvait, en effet, ressentir quelque peine à parcourir ce livre délectable, cette peine tiendrait uniquement au défaut de fusion. Mais nous n'aurons garde, en faisant la remarque, de viser au reproche, cette lacune étant ici inhérente aux conditions mêmes de la publication.

Et maintenant terminons en citant une page bien douce :

« Marcelline Pauper, par sa *vie* imprimée, va reparaître dans Tulle, SA CITÉ DE PRÉDILECTION, témoin des dernières années de son apostolat, et embaumée des derniers parfums de sa sainteté. Là, nous pouvons l'espérer, *son tombeau sera glorieux, et ses ossements prophétiseront.* C'est au sein de cette cité catholique que Marcelline Pauper fera sentir, avec une maternelle bonté, son crédit auprès de Dieu.

« La Providence a placé sur le siége

épiscopal de cette ville un Pontife à souhait pour faire accueil à la vierge qui vient reprendre à Tulle son droit de cité, à la manière des saints. Par son inimitable éloquence, par la profondeur de son savoir, par la pureté de ses doctrines, par le courage de son dévouement au Saint-Siége, ce Pontife a illustré l'église de Tulle. Bien que les accents de sa parole à Rome, entendus du monde entier, semblent être la limite de l'éloquence, il trouvera encore, dans l'inépuisable fécondité de son génie et dans sa grande âme d'Evêque, des accents non moins sublimes pour cette vierge dont la sainteté va l'éblouir, et dont les pages écrites à la dérobée, après les soins aux pauvres et les leçons aux jeunes filles, vont le jeter dans l'admiration. Nous pouvons attendre du nouvel Ambroise des louanges dignes de la nouvelle Marcelline. Que cette illustre épouse du Christ, par son salut en rentrant à Tulle, porte la joie dans l'âme du saint Evêque. Qu'elle soit la couronne de sa vieillesse comme la lumière et l'éternelle défense de la cité ! »

OUVRAGES
DU MÊME AUTEUR

L'Église de Saint-Pierre de Beaulieu et son portail sculpté, grand in-8°; prix . . . . 1 »

Promenade à Gimel (Corrèze), avec six planches, in-8°; prix . . . . 1 »

Notice historique et archéologique sur Castelnau de Bretenoux, in-8°; prix . . . . 1 »

Deuxième pèlerinage des Diocésains de Tulle à Notre-Dame-de-Lourdes, in-18. (Épuisé.)

Deuxième pèlerinage des Diocésains de Tulle à Paray-le-Monial, in-18. (Épuisé.)

EN LIBRAIRIE

A Tulle, chez Mme veuve Bouillaguet;
A Brive, chez M. Lalande;
A Beaulieu, chez Mme veuve Fronty.

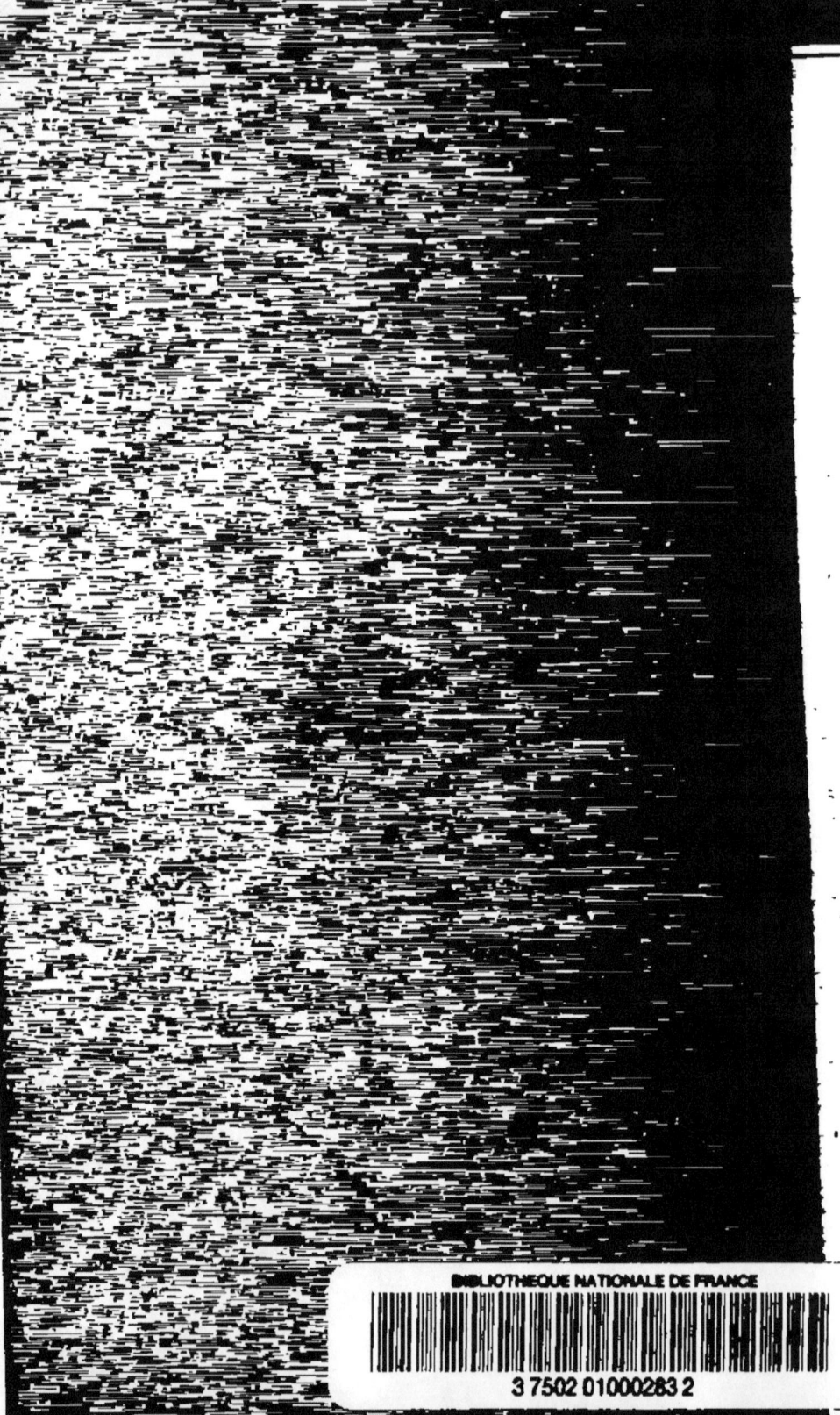

www.ingramcontent.com/pod-product-compliance
Lightning Source LLC
Chambersburg PA
CBHW060644050426
42451CB00010B/1208